S0-AVC-102

Mannheim

Sachbuchverlag Karin Mader

Fotos:
Neumark · Schilgen
Seite 13: Foto-Hauck Mannheim
Seite 33: Robert Häusser

Text:
Hans-C. Hoffmann

© Sachbuchverlag Karin Mader
D-28879 Grasberg
www.mader-verlag.de

Grasberg 2004
Alle Rechte, auch auszugsweise, vorbehalten.

Übersetzungen:
Englisch: Michael Meadows
Französisch: Mireille Patel

Printed in Germany

ISBN 3-921957-41-9

In dieser Serie sind erschienen:

Aschaffenburg
Baden-Baden
Bad Oeynhausen
Bochum
Bonn
Braunschweig
Bremen
Bremerhaven
Buxtehude
Celle
Cuxhaven
Darmstadt
Darmstadt und der Jugendstil
Duisburg
Die Eifel
Eisenach
Erfurt
Essen

Flensburg
Freiburg
Fulda
Gießen
Göttingen
Hagen
Hamburg
Der Harz
Heidelberg
Herrenhäuser Gärten
Hildesheim
Kaiserslautern
Karlsruhe
Kassel
Kiel
Koblenz
Krefeld
Limburg a. d. Lahn

Das Lipperland
Lübeck
Lüneburg
Mainz
Mannheim
Marburg
Die Küste –
    Mecklenburg-Vorpommern
Die Küste – Ostfriesland
Die Küste –
    Schleswig-Holstein Nordsee
Die Küste –
    Schleswig-Holstein Ostsee
Minden
Mönchengladbach
Münster
Das Neckartal
Oldenburg

Osnabrück
Paderborn
Der Rheingau
Rostock
Rügen
Schwerin
Siegen
Stade
Sylt
Trier
Tübingen
Weimar
Wiesbaden
Wilhelmshaven
Wolfsburg
Würzburg
Wuppertal

Titelbild:
Mannheimer Marktplatz mit
Altem Rathaus und Untere Pfarrkirche

heim, mit 320 000 Einwohnern nach Stutt-
.röße Stadt Baden-Württembergs, ist eines
edeutendsten Wirtschaftszentren der Bun-
publik, mit eisen- und metallverarbeitenden
eben der Kraftfahrzeug-, Motoren-, Land-
Maschinenbaubranchen, mit chemischer
trie und Elektroindustrie. Der Hafen ist der
größte Binnenhafen der Bundesrepublik.
r und ist eine junge und dynamische Stadt.
I sie dies nicht wäre, gäbe es Mannheim
utlich gar nicht mehr, denn dreimal wurde
adt in ihrer 380jährigen Geschichte bis zur
nntlichkeit zerstört und mußte unter großen
rn neu aufgebaut werden. Die wenigen
rischen Zeugnisse, die nach diesen Zerstö-
n erhalten blieben, machen erst deutlich,
utig die Stadt ihre Zukunft in die Hand
nmen hat.

Mannheim with a population of 320,000 is, after
Stuttgart, the largest city in Baden-Württemberg
and one of the most important economic centers
of the Federal Republic of Germany, having iron
and metal-processing firms of the automobile,
motor, agricultural and engine construction
industries as well as in the chemical and electrical
sectors. The harbor is the second largest inland
harbor of the Federal Republic of Germany.
It was and is a young and dynamic city – if this were
not true, there probably would no longer be a
Mannheim today since it was destroyed beyond
recognition three times in its 380-year history and
had to be rebuilt each time at great sacrifice. The
few historical remains that survived these periods
of destruction demonstrate clearly against the
background of this history how courageously the
city has taken its future into its own hands.

Avec ses 320 000 habitants Mannheim est, après
Stuttgart, la plus grande ville du Bade-Württem-
berg. Son industrie métallurgique, son industrie
mécanique produisant véhicules moteurs,
machines, son industrie chimique et électrique
en font l'un des centres économiques les plus
importants de la Réplic Fédérale.
Mannheim fut et demeure une ville jeune et
dynamique – sans cela elle n'existerait plus, en
effet, par trois fois dans son histoire vieille de
380 ans, elle fut détruite au point d'en être
méconnaissable et dut être reconstruite au prix
de grands sacrifices. Les rares témoins histori-
ques qui survécurent à la destruction sont une
preuve du courage avec lequel la ville prit son
avenir en main.

Rund um den Friedrichsplatz

Der 1886 bis 1889 erbaute Wasserturm gilt als das Wahrzeichen der Stadt und der 1901 durch Bruno Schmitz angelegte Friedrichsplatz kann als das Herz der Stadt bezeichnet werden. Die schöne Jugendstilanlage liegt zwar nicht in dem durch Planquadrate geordneten Zentrum, aber im Schnittpunkt wichtiger Straßen – von hier aus erreicht man schnell alle wichtigen Plätze der Stadt.

The water tower, built from 1886 to 1889, is considered to be the landmark of the city, and Friedrichsplatz, laid out by Bruno Schmitz in 1901, can be called the heart of the city. The beautiful square of the "Jugendstil" (Art Nouveau) period is not located in the center, arranged in grid squares, but it lies at the intersection of important streets – from this point one can rapidly reach all important places of the city.

Le château d'eau, construit de 1886 à 1889 e considéré comme le symbole de la ville et la Friedrichsplatz, dessinée en 1901 par Brunc Schmitz peut être considérée comme le cœu la ville. Cette belle place de style 1900 ne se trouve pas, il est vrai, dans le centre géométr du plan quadrillé de la ville mais au croiseme d'artères importantes. De là on atteint rapi ment les principaux points de la ville.

Die „Planken" ist innerhalb der Planquadrate eine der wenigen Straßen mit eigenem Namen und bildet die große Querachse im inneren Stadtgefüge. Vom Paradeplatz bis zum Kaiserring wurde sie als Fußgängerzone ausgebaut, die ihre große Beliebtheit bei jung und alt noch steigerte. Hier gibt es vom Sonderangebot bis zur exklusiv-

"Planken" is, within the grid squares, one of the few streets with its own name and forms the large transverse axis in the inner-city structure. From Paradeplatz to Kaiserring it was converted into a pedestrian zone which has gained increasing popularity among young and old. Here there are sales and bargains as well as exclusive fashion; one

La «Planken», l'une des rares rues du plan q drillé à avoir un nom. Elle constitue l'axe pri pal du centre ville. De la Paradeplatz à la Kai. ring elle fut convertie en zone piétonnière, ce accrut encore sa popularité auprès des habit jeunes et vieux. On y trouve des boutiques d mode exclusives, d'autres offrant des article

Mode, vom Kaufhaus, das alles unter einem
h anbietet, bis zum erlesenen Fachgeschäft
s, was das Herz begehrt, und wem der Einkauf
ng und anstrengend wird, der findet in einem
vielen Restaurants oder Cafes ein Plätzchen
z nach seinem Geschmack.

can shop in a department store that offers everything under one roof or in a select speciality shop
– one will find everything that the heart desires,
and if the shopping tour becomes too long and
strenuous, there is a place for every taste in one of
the many restaurants and cafes.

soldés, des grands magasins où toutes les marchandises sont réunies sous un seul toit ou des
commerces spécialisés aux produits des haute
qualité, tout enfin ce que le cœur peut convoiter.
Fatigué par tous ces achats, on pourra trouver
une petite place à son goût et reprendre haleine
dans un des nombreux restaurants et cafés qui se
trouvent dans cette rue.

Die auch die Nebenstraßen umfassende Fußgängerzone hat durch schöne moderne Passagen, in denen man auch bei schlechtem Wetter gemütlich bummeln kann, Anschluß an die Verkehrszonen.

The pedestrian zone, which also takes in the side streets, connects to the traffic zones via beautiful, modern passages in which one can take a leisurely stroll even in bad weather.

La zone piétonnière qui s'étend aux rues voisines comprend de beaux passages couverts dans lesquels on peut flâner tranquillement sans se soucier du mauvais temps.

chäftshäuser wie das abgebildete prägen mit
r Mischung aus Einzelhandel, Restauration
Büros große Teile der Innenstadt und stärken
ie Funktion Mannheims als Wirtschaftszen-
an Rhein und Neckar. Nicht zufällig ist
nheim auch Sitz der Verwaltung des Regio-
erbandes Unterer Neckar.

Office blocks such as the one in the picture charac-
terize large parts of the city center with their
mixture of retail shops, restaurants and offices
and thus reinforce Mannheim's function as an
economic center on the Rhine and Neckar. It is no
coincidence that Mannheim is also the administra-
tive seat of the Lower Neckar Region.

Des magasins comme celui qui est représenté ici
qui combinent un commerce de détail, un restaurant et des bureaux sont caractéristiques de la
plus grande partie du centre ville et renforcent la
fonction de Mannheim comme centre économi-
que sur le Rhin et la Neckar. Ce n'est pas une
coincidence si Mannheim est le centre adminis-
tratif de la région du Bas Neckar.

er Blickpunkt im Herzen der Stadt: Das 1991
fnete Stadthaus. Hier tagt im Gemeindesaal
Rat der Stadt, und für Konzerte, Ausstellun-
oder Fastnacht-Veranstaltungen bietet der
gersaal den richtigen Rahmen. Außerdem
n die Stadtbücherei und die Abendakademie
ihr Domizil gefunden, und zum Shopping in
Ladenpassage kann man nicht nur trockenen
es bummeln gehen, sondern auch kulinarische
lichkeiten genießen.

A new attraction in the heart of the city: the so-called "Stadthaus" opened in 1991. The City Council meets here in the "Gemeindesaal" and the "Bürgersaal" offers the right setting for concerts, exhibitions or Shrove Tuesday events. Moreover, the Municipal Library and the Evening Academy have found a home here. In the shopping arcade it is not only possible to stay dry while undulging in a shopping spree, but you can also enjoy culinary delights.

Une nouvelle attraction au cœur de la ville: la maison municipale inaugurée en 1991. Le conseil municipal se réunit dans la Gemeindesaal et la Bürgersaal accueille des concerts, des expositions et les célébrations de mardi gras. Elle abrite également la bibliothèque municipale et l'académie des cours du soir. Dans le passage couvert on peut faire des achats sans se mouiller les pieds et déguster des spécialités culinaires.

11

Mannheim hat bedeutende Erfinderpersönlich-
keiten hervorgebracht. Freiherr von Drais schuf
das Laufrad, Carl Benz stellte 1885 einer staunen-
den Öffentlichkeit seine selbstfahrende „Benz"-
Kutsche vor und auch der „Lanzbulldog" begann
seinen Weg in Mannheim. Dem bedeutendsten
unter ihnen, Carl Benz, setzte die Stadt durch den
Bildhauer Läuger 1933 ein Denkmal.

Mannheim has produced important inventor
personalities. Freiherr von Drais created the
"dandy horse" (forerunner of the bicycle), Carl
Benz presented his self-propelled "Benz" coach to
an astonished public in 1885 and the "Lanzbulldog" also started on its way in Mannheim. The city
dedicated this monument, made by the sculptor,
Läuger, in 1933, to the most significant of these
inventors, Carl Benz.

Mannheim a produit de remarquables inventeurs.
Le sieur von Drais inventa l'ancêtre du vélocipède
et Carl Benz présenta en 1885 à un public ébahi sa
calèche «Benz» se deplaçant toute seule et le
«Lanzbulldog» pris aussi pour la première fois la
route à Mannheim. La ville fit élever en 1933 ce
monument au plus important d'entre eux Carl
Benz. C'est une œuvre du sculpteur Läuger.

annheim historisch

nalig in Deutschland: Der Stadtgrundriß mit
regelmäßig rechtwinklig geschnittenen Bau-
ken, die mit wenigen Ausnahmen nicht an
klingenden Straßen liegen, sondern nume-
sind mit Buchstabe und Ziffer. Insgesamt
es innerhalb des Ringes, der in etwa den
eren Festungswällen folgt, 144 Blöcke. –
orderbgrund liegt der riesige Schloßkomplex
8. Jahrhunderts.

Unique in Germany: The layout plan of the city
with the blocks of buildings regularly cut at right
angles and, with few exceptions, not located on
streets with nice-sounding names but numbered
with letters and numbers. Altogether there are
now 144 blocks within the ring that more or less
traces the position of the former fortification
walls. In the foreground is the enormous castle
complex of the 18th century.

Unique en Allemagne un plan de ville géométri-
que dans lequel les rues se coupent à angle droit.
Les rues ne sont pas dotées de noms évocateurs
mais ce sont les pâtés de maisons qui sont numé-
rotés. Il y en a en tout 144 à l'intérieur du Ring
qui suit à peu près le tráce des anciennes fortifica-
tions. Au premier plan l'immense complexe du
château du XVIIIe siècle.

Auf dem historischen Rathausmarkt wird heute wie seit jeher Markt gehalten. Die Marktstände gruppieren sich dabei um den Vier-Elemente-Brunnen, der 1719 für den Heidelberger Schloß-garten geschaffen wurde, 1769 aber, nach einer Umgestaltung zu einer Allegorie der Stadt Mann-heim, hier auf dem Markt seinen mittlerweile angestammten Platz fand.

Today there is a market as always at the historical Town Hall marketplace. The market stands are grouped around the "Four-Elements-Fountain", which was created for the Heidelberg Castle garden in 1719 but later found its home (in 1769) here at the marketplace after being converted into an allegory of the city of Mannheim.

Sur le Rathausmarkt historique, aujourd'hu comme autrefois, se tient le marché. Les sta sont groupés autour de la «Vier-Elemente-B nen» qui fut construite en 1719 pour le jardi château de Heidelberg. En 1769 elle fut trans mée en une allégorie de la ville de Mannhei depuis elle a trouvé sa place sur le Markt.

sich Kurfürst Karl Philipp mit seinen Heidel-
er Untertanen überworfen hatte, verlegte er
rhand die Residenz in die nach ihrer zweiten
örung noch junge Stadt am Zusammenfluß
Rhein und Neckar. 1720 begann er mit dem
des Schlosses, das zu den größten Europas
: und eine der bedeutendsten Schöpfungen
Absolutismus war.

When Elector-Prince Karl Philipp fell out with his
Heidelberg subjects, he moved his residence
without further ado to the still young city at the
junction of Rhine and Neckar after its second
destruction. In 1720 he began with the construction of the castle which is one of the largest in
Europe and was one of the most significant crea-
tions of the absolutist period.

Le prince-électeur Karl Philipp s'étant brouillé
avec ses sujets de Heidelberg, il transféra
dérechef sa résidence dans la ville située au
confluent du Rhin et du Neckar, une ville encore
jeune puisque reconstruite après la deuxième
dévastation de la ville en 1720. Il entreprit la
construction du château qui compte parmi les plus
grands d'Europe et constitue l'une des réalisa-
tions les plus importantes de l'absolutisme.

Kurfürsten Karl Philipp (1716–42) und Karl-
Theodor (1743–99) bauten das Schloß prachtvoll
und belebten die Stadt mit ihrer prächtigen
Haltung. Schon damals blickte Europa nach
Mannheim.
Bild links die Schloßkirche und oben der
Rittersaal, beide aus der ersten Bauepoche am
Schloß.

Elector-Princes Karl Philipp (1716–42) and Karl-
Theodor (1743–99) fitted out the castle in magnificent style and livened up the city with their splen-
did holding of court. Already at that time Europe
turned its head to Mannheim.
In the picture on the left the castle church and
above the Knight's Room, both dating from the
first period of construction of the castle.

Les princes-électeurs Karl Philipp (1716–42) et
Karl-Theodor (1743–99) firent du château une
magnifique résidence et la vie de cour donna de
l'éclat à la ville. Les regards de l'Europe étaient
déjà tournés vers Mannheim.
Dans la photo à gauche l'église du château et
ci-dessus la salle des chevaliers, toutes deux
datent de la première période de construction du
château.

Den Kindern seiner Geliebten Josefa ließ Kurfürst Karl-Theodor durch seinen Hofarchitekten Peter Anton Verschaffelt 1781–88 dieses hübsche Palais gegenüber dem Schloß erbauen. Bauten wie dieser bestimmten mit ihrer schlichten Noblesse einst das Bild der Stadt.

Elector-Prince Karl-Theodor had this lovely palace built opposite the castle by his court architect, Peter Anton Verschaffelt, for the children of his mistress, Josefa, in 1781–88. Edifices such as this one characterized the appearance of the city with their simple noblesse.

Le prince-électeur Karl-Theodor fit constru pour les enfants de sa maîtresse Josefa ce jo palais en face du château. C'est une œuvre d l'architecte de la cour Peter Anton Verschaf et date de 1781–88. Des édifices comme celui simples et majestueux, caractérisaient jadis l'aspect de la ville.

Dalberghaus – N 3, 4 –, seit 1961 Stadtbüche-
war der Wohnsitz des ersten Intendanten des
onaltheaters, Wolfgang Heribert von Dal-
. Er war es, der 1782 die Uraufführung von
lers „Die Räuber" wagte und das National-
ter zur führenden Bühne im damals noch
lutistischen Deutschland machte.

Dalberghaus – N 3, 4 – since 1961 municipal
library, was the residence of the first director of
the Nationaltheater, Wolfgang Heribert von
Dalberg. It was he who ventured the premiere of
Schiller's "Die Räuber" in 1782 and thereby made
the Nationaltheater into a leading stage in the then
still absolutist Germany.

La Dalberghaus N 3, 4 abrite depuis 1961 la bibliothèque municipale. C'était le domicile du premier
intendant du Nationaltheater Wolfgang Heribert
von Dalberg. C'est lui qui, en 1782, osa faire
représenter pour la première fois «Les Brigands»
de Schiller et fit ainsi du Nationaltheater la scène
la plus importante d'Allemagne à une époque où
l'absolutisme semblait encore inébranlable.

Mannheim zwischen gestern und heute

Als Kurfürst Karl-Theodor 1778 seine Hofhaltung nach München verlegte, blieb den Mannheimern nur das Nationaltheater. Sie hielten es hoch in Ehren und stritten für seinen Erhalt.
Der alte Bau stand beim Schloß in B3. Nach dem Krieg verlegte man es an den Ring und baute 1955–57 nach Plänen von Professor Gerhard Weber dieses moderne Doppeltheater.

When Elector-Prince Karl-Theodor moved his court to Munich in 1778, only the Nationaltheater remained for the people of Mannheim. They held it in high esteem and fought to keep it.
The old edifice stood on B3 near the castle. After the war it was transferred to the Ring and built into a modern double theater according to plans of Professor Gerhard Weber in 1955–57.

Lorsque le prince Karl-Theodor en 1778 dépl sa cour à Munich il ne resta aux habitants de Mannheim que le théâtre national. Ils le tena en haute estime et luttèrent pour le garder. Le vieil édifice se trouvait près du château s B3. Après la guerre on le déplaça sur le Rin on construisit en 1955–57 ce théâtre modern double d'après les plans du professeur Gerh Weber.

Rosengarten entstand wie der Friedrichs-
tz, an dem er liegt, nach Plänen von Bruno
mitz. Der Name bezeichnet im übrigen keine
nantische Gartenanlage, sondern einen Kon-
t- und Festsaalbau, der, nach dem Neubau des
störten „Nibelungensaals", mit Sälen verschie-
er Größe und Ausstattung alle Anforderungen
ein modernes Kongreßzentrum erfüllt.

The "Rose Garden" ("Rosengarten") was set up,
just as Friedrichsplatz where it is located, according to plans of Bruno Schmitz. The name, inciden-
tally, is not the designation for a romantic garden
area but for a concert and festival hall, and,
reconstructed according to the disturbed "Nibelungensaal", with rooms of various size and
furnishings, fulfills all the requirements of a
modern conference center.

Le «Rosengarten» et la place sur lequel il se
trouve furent construits d'après les plans de
Bruno Schmitz. Ce nom ne désigne pas un
romantique jardin mais un édifice avec une salle
de concerts et de fêtes qui après la reconstruction
du «Nibelungensaal» fut doté de salles de différentes grandeurs et aménagées de façons
variées. Il répond ainsi à tous les besoins d'un
centre de congrès moderne.

Mannheim blickt auf eine lange Tradition der
Sternbeobachtung und der Sternkunde zurück.
Zur Kurfürstenzeit gab es eine Sternwarte hinter
der Jesuitenkirche, die heute zu Wohnateliers
umgebaut wurde, und das jüngst eröffnete Planetarium ist auch schon der Nachfolger des ersten
kommunalen Planetariums der Welt, das, wie
anderes, im Krieg zerstört wurde.

Mannheim looks back on a long tradition of star
observation and astronomy. At the time of the
elector-princes there was an observatory behind
the Jesuit church; it has now been converted into
residential studios, and the recently opened
planetarium is already the successor of the first
municipal planetarium of the world which, like
other othings, was destroyed during the war.

L'astronomie est une ancienne tradition à
Mannheim. Du temps des princes il y avait u
observatoire derrière l'église des jésuites. Il a
été converti de nos jours en maison d'habitat
et le Planetarium qui a été inauguré récemm
est le successeur du premier Planetarium con
munal du monde qui, lui aussi, comme tant
d'autres choses, a été détruit pendant la guer

Am Rande der inneren Stadt: Der Blick aus der Mozartstraße, einer Straße der Gründerzeit, auf das Collini-Center der jüngsten Vergangenheit. Dieser Gebäudekomplex hat es überhaupt in sich: Ein Hallenbad, Restaurants und Geschäfte sorgen dafür, daß hier keine Schlafstadt entstanden ist.

At the edge of the city center: The view from Mozartstraße, a street of the "Gründer" period (beginning in 1871), of the Collini Center of the recent past. This building complex really has everything: An indoor swimming pool, restaurants and shops make sure that Mannheim does not doze off to sleep.

A la limite de la vieille ville: vue de la Mozartstraße, une rue de l'époque de la fondation, le Collini-Center appartenant au passé récent la ville. Ce complexe comprenant une piscin des restaurants et des magasins contribue à l'animation de la ville.

wieder einer dieser spannungsvollen Gegen-
e: Die figurenreiche und bewegt gestaltete
amide" von dem Düsseldorfer Künstler
riel von Grupello auf einem Sockel von Galli
ibiena, 1743, auf dem Paradeplatz, also in der
e der Stadt aufgerichtet, vor einer streng
nal gegliederten Geschäftshausfassade von
te.

And again one of those tension-filled contrasts:
the many figures of the movingly designed "Pyramide" by the Düsseldorf artist, Gabriel von
Grupello, on a base made by Galli da Bibiena in
1743, located on the "Paradeplatz", that is, right
in the middle of the city, in front of a rigidly,
rationally structured office building facade of
today.

Et de nouveau, un de ces surprenants contrastes:
la «Pyramide» mouvementée et richement orne-
mentée de l'artiste de Dusseldorf Gabriel von
Grupello sur un socle de Galli da Bibiena, élevée
en 1743 sur la «Paradeplatz», c'est-à-dire au
milieu de la ville, devant la façade d'un magasin
moderne sévère et fonctionnelle.

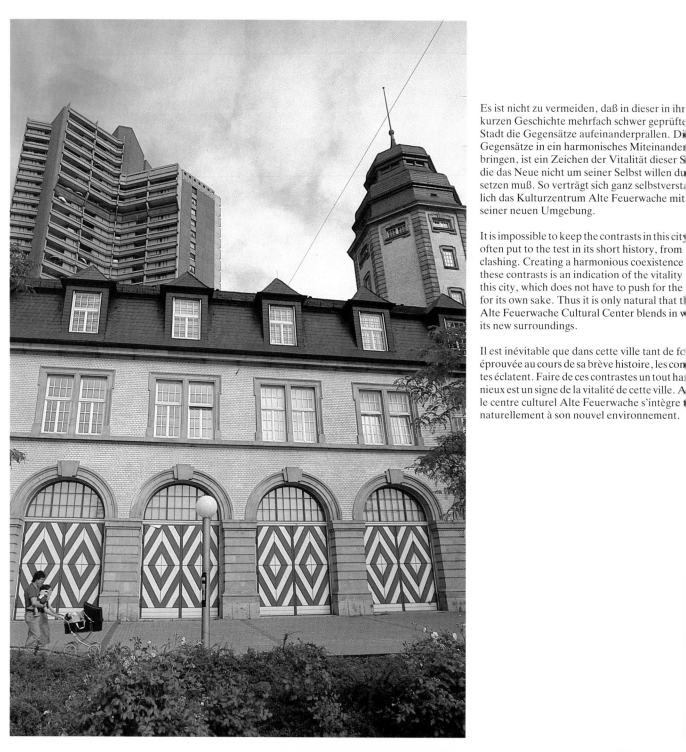

Es ist nicht zu vermeiden, daß in dieser in ihr
kurzen Geschichte mehrfach schwer geprüfte
Stadt die Gegensätze aufeinanderprallen. Di
Gegensätze in ein harmonisches Miteinander
bringen, ist ein Zeichen der Vitalität dieser S
die das Neue nicht um seiner Selbst willen du
setzen muß. So verträgt sich ganz selbstverst
lich das Kulturzentrum Alte Feuerwache mit
seiner neuen Umgebung.

It is impossible to keep the contrasts in this city
often put to the test in its short history, from
clashing. Creating a harmonious coexistence
these contrasts is an indication of the vitality
this city, which does not have to push for the
for its own sake. Thus it is only natural that t
Alte Feuerwache Cultural Center blends in w
its new surroundings.

Il est inévitable que dans cette ville tant de fo
éprouvée au cours de sa brève histoire, les con
tes éclatent. Faire de ces contrastes un tout ha
nieux est un signe de la vitalité de cette ville. A
le centre culturel Alte Feuerwache s'intègre t
naturellement à son nouvel environnement.

Die Jesuitenkirche zählt zu den bedeutendsten
Barockkirchen Süddeutschlands. Begonnen 1733
und vollendet 1760, ist sie ein Werk des Italieners
Alessandro Galli da Bibiena und des kurpfälzi-
schen Baumeisters Franz W. Rabaliatti. Die
Ausstattung schuf im wesentlichen Peter Anton
Verschaffelt.
Auch dieser Bau wurde im Krieg zerstört, und ist
detailgetreu wiederaufgebaut worden.

The Jesuit church is one of the most significant
baroque churches in southern Germany. Begun in
1733 and completed in 1760, it is a work of the
Italian, Alessandro Galli da Bibiena, and of the
Palatine builder, Franz W. Rabaliatti. Peter
Anton Verschaffelt was primarily responsible for
the furnishings.
This building, too, was destroyed during the war
and then rebuilt true to detail.

L'église des jésuites est l'une des plus importantes
églises baroques d'Allemagne du sud. Commen-
cée en 1733 et complétée en 1760 c'est une œuvre
de l'Italien Alessandro Galli da Bibiena et de
l'architecte du Palatinat Franz W. Rabaliatti. La
décoration intérieure est en grande partie l'œuvre
de Peter Anton Verschaffelt.
Cet édifice fut, lui aussi, détruit pendant la guerre.
La reconstruction est fidèle à l'original dans les
moindres détails.

Museen in Mannheim

Neue Wege in der Ausstellungskonzeption und der -gestaltung beschreitet das Landesmuseum für Technik und Arbeit in Mannheim. Den technisch-sozialen Wandel der letzten zweieinhalb Jahrhunderte erlebt der Besucher bei einem chronologisch gegliederten Rundgang durch sechzehn Stationen auf fünf Ausstellungsebenen. Nicht nur für die Kleinen interessant: Eine Fahrt mit der histori-

The State Museum for Technology and Labor in Mannheim is taking new paths in the conception and design of exhibitions. Visitors experience the technical and social changes of the last two and a halb centuries during a chronologically structured tour through sixteen stages at five exhibition levels. Something that is not only interesting for the little ones: a ride on the historical steam-driven

Le musée du Land pour la Technique et le Travail à Mannheim s'est engagé dans de nouvelle voies concernant la conception et la présentat des collections. Le visiteur revit l'évolution technique et sociale des derniers deux siècles demi sur un circuit de 16 stations agencées chonologiquement sur 5 étages. Un tour du musé des surfaces attenantes dans le chemin de fer

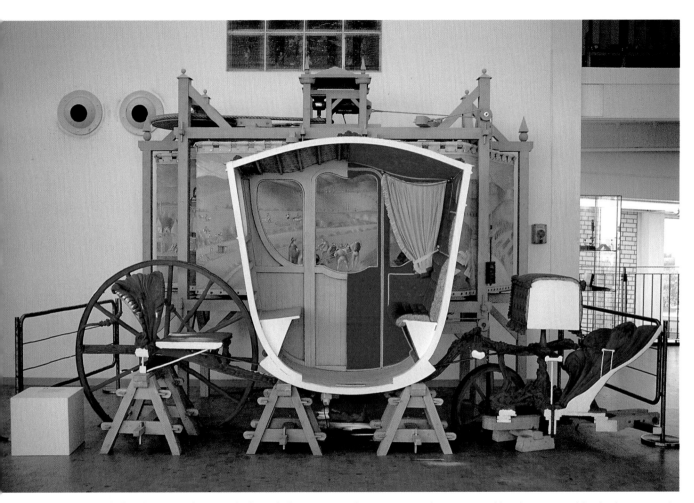

en Dampfeisenbahn durch das Museum und
Museumsgelände oder ein Besuch auf dem
seumsschiff Mannheim". Hier können noch
e der ehemaligen Einrichtung bewundert
den, zum Teil einmalige Schiffsmodelle, und
zum Thema Rheinschiffahrt gibt es einen
assenden Überblick.

train through the museum and museum grounds or
a visit to the "Mannheim Museum Ship". Parts of
the former facilities can still be admired here,
some of them unique model ships, and a compre-
hensive picture of shipping on the Rhine is pro-
vided.

vapeur historique et une visite du «bateau musée
Mannheim» ne plaira pas seulement aux enfants.
L'ancien ameublement y a été partiellement
conservé. On y admire aussi des modèles de
bateaux dont certaines sont uniques et une importante documentation sur la navigation rhé-
nane.

Die Kunsthalle von Hermann Billing, erbaut 1905–07 durch Bruno Schmitz, ist einer der bedeutendsten Jugendstilbauten im Lande. Sie besitzt beachtliche Sammlungen auf den Gebieten Malerei, Grafik und Plastik mit Schwerpunkten in der Kunst des 19. und 20. Jahrhunderts.

The Kunsthalle, designed by Hermann Billing and built from 1905–07 by Bruno Schmitz, is one of the most significant "Jugendstil" edifices in the country. It possesses prominent collections in the fields of painting, graphic arts and sculpture with emphasis on the art of the 19th and 20th centuries.

Le Kunsthalle de Hermann Billing que Brun Schmitz fit construire de 1905 à 1907 est l'une plus importantes constructions de style 1900 Allemagne. Il possède des collections de pei tures, graphiques et plastiques et l'accent est sur l'art des XIX et XXe siècles.

Das Reiß-Museum ist das Kunst- und Stadtge-schichtliche Museum für Mannheim und Teile der ehemaligen Kurpfalz mit angeschlossenen Vor- und Frühgeschichtlichen, Völkerkundlichen und Naturkundlichen Abteilungen. Bis 1988 stand dem Museum ausschließlich das Zeughaus, der letzte öffentliche Bau, den die Kurfürsten in Mannheim errichten ließen (1777–78 von Peter Anton Ver-

The Reiß-Museum is the art and town history museum for Mannheim and parts of the former Palatinate, including departments in prehistory and early history and ethnology. Up to 1988 solely the armory, the last public building constructed under the elector-princes in Mannheim (by Peter Anton Verschaffelt from 1777–78), was available to the museum. Through the addition of a new

Le Reiß-Museum est un musée de l'art et de l'histoire de la ville de Mannheim et d'une par de l'ancien Palatinat. Il possède aussi des dépa tements de préhistoire, d'histoire ancienne et d'ethnologie. Jusqu'en 1988 le musée ne dispo sait que de la Zeughaus (arsenal), le dernier bâtiment public construit par les princes-élec-teurs de Mannheim (conçu par Peter Anton

schaffelt), zur Verfügung. Erweitert durch einen Neubau (Bild) wurde Platz geschaffen, die umfangreichen Sammlungen optimal zu präsentieren. Besonders sehenswert sind die Bestände, die unmittelbar mit der Geschichte der Kurfürstenzeit zu tun haben, wie die Ausstellung Frankenthaler Porzellane des 18. Jahrhunderts, zu denen der abgebildete Tafelaufsatz „Der Jäger aus Kurpfalz" gehört.

building (picture), space was created to present the extensive collections in an optimum fashion. The exhibits directly concerned with the history of the elector-prince period are particularly worthwhile seeing; for example, the exhibition of Frankenthaler porcelain of the 18th century, including the centerpiece, "The Hunter from the Palatinate", shown in the picture.

Verschaffelt de 1777 á 78). Un nouvel édifice lui fut ajouté qui permit de présenter de façon optimale les riches collections du musée. Les collections qui se rapportent à la période princière sont particulièrement intéressantes. Mentionnons en particulier celle de la porcelaine de Frankenthal dont fait partie la décoration de table «le chasseur de Palatinat» réprésentée ici.

Mannheim – ein Zentrum der Wirtschaft

Mannheim ist durch seine Lage am Zusammenfluß von Rhein und Neckar und den Anschlüssen an das Eisenbahn- und Straßenverkehrsnetz eines der wichtigsten Wirtschaftszentren in der Bundesrepublik. Die vielen Industrie- und Handelsunternehmen, die hier tätig sind, prägen natürlich auch das Bild der Stadt.

Because of the location at the junction of the Rhine and Neckar and its railway and road connections, Mannheim is one of the important economic centers in the Federal Republic of Germany. The numerous industrial and trading firms operating here naturally leave their mark on the city landscape.

Mannheim, située au confluent du Rhin et d Neckar et reliée au réseau routier et ferrovi est l'un des grands centres économiques de l République Fédérale. Les nombreuses entre ses du commerce et de l'industrie apportent l contribution à l'aspect de la ville comme ici.

Der Hafen, zweitgrößter Binnenhafen der Bundesrepublik, ist mit einem Jahresumschlag von rund 8,5 Mill. Tonnen eine entscheidende Drehscheibe für Industrie und Handel im ganzen südwestdeutschen Raum.

The harbor is the second largest inland harbors in the Federal Republic of Germany with an annual volume of traffic of approx. 8,5 million tons, a hub of decisive importance for industry and trade in the southwest region.

Le port où 8,5 millions de tonnes de marchandises sont transbordées tous les ans est le deuxième port fluvial de République Fédérale et constitue ainsi une importante plaque tournante pour l'industrie et le commerce dans toute l'Allemagne du sud-ouest.

Eine Stärke des Mannheimer Hafens liegt dabei in der guten Anbindung an das Bundesbahnnetz – Mannheim besitzt einen der größten Rangierbahnhöfe der Bundesrepublik – und an das Autobahnnetz mit direktem Anschluß nach Frankfurt, Stuttgart und München. Faszinierend ist es, dem Verladen der Container, mit denen ein großer Teil des Güterverkehrs heute bewältigt wird, zuzusehen.

One of the advantages of Mannheim's harbor is the good connection to the railway network – Mannheim possesses one of the largest marshalling yards in West Germany – and to the highway system with direct connections to Frankfurt, Stuttgart and Munich. It is fascinating to watch the loading and unloading of containers, with which a great portion of cargo traffic is transported today.

Mannheim possède l'avantage d'être relié très efficacement au réseau de chemin de fer et il possède une des plus grandes gare de triage de la République Fédérale. Par la route la ville est rattachée directement à Francfort, à Stuttgart et à Munich. Il est fascinant d'observer comment les containers sont chargés et déchargés. C'est ainsi que de nos jours la plus grande partie du transport des marchandises est effectuée.

Wer es nicht selbst erlebt hat, macht sich keine Vorstellung vom Verkehr auf dem Rhein. Begünstigt durch die Mannheimer Akte von 1868, die freie Fahrt auf dem Rhein gewährleistet, sind Binnenschiffe aller Anliegerstaaten zu sehen, dazu Versorgungsschiffe, und die nicht eben kleine Flotte von Passagierschiffen.

Those who have not experienced it for themselves cannot imagine the amount of traffic prevalent on the Rhine. Promoted by the Mannheimer Act of 1868, which guaranteed freedom of sailing on the Rhine, inland waterway ships of all neighboring countries can be seen, including supply ships and the not at all small fleet of passenger ships.

Qui ne l'a vue de ses propres yeux aura du m imaginer l'activité qui règne sur le Rhin. Elle favorisée par l'acte de Mannheim de 1868 q garantit une circulation libre sur le Rhin. A on peut voir des bateaux de tous les pays riv rains, des péniches et une flotte non néglige de bateaux de tourisme.

eizeit in der Großstadt

z aller Reden über seine Verschmutzung ist
3ad im Rhein immer noch beliebt. Ein schönes
ndbad mit anschließendem Campingplatz
im „Grünen Süden" am Rheinbogen. –
eben hat aber auch fast jeder Stadtteil ein
vimmbad, sei es als Frei- oder als Hallenbad.

In spite of all the talk about the pollution of the
Rhine, a swim in this river is still popular. A
beautiful beach with adjoining campground is
located in the "Green South" at the bend of the
Rhine. In addition to that, however, almost every
city district has a swimming pool, whether outdoor
or indoor.

Malgré toutes les discussions au sujet de la
pollution du Rhin, un bain dans ses eaux est
toujours très apprécié. A «Grünen Süden», sur
la courbe du Rhin, il y a une belle plage et un
terrain de camping. De plus chaque quartier de
la ville a une piscine couverte ou en plein air.

Der Herzogenriedpark in der Neckarstadt hat seine heutige Gestalt anläßlich der Bundesgartenschau 1975 erhalten. Außer einer Erholung im Grünen bietet der Park mit seiner neuen Multihalle, einem Tiergehege, Rosarium, Modellbootweiher und anderen Freizeiteinrichtungen Raum für alle nur denkbaren Freizeitaktivitäten.

Herzogenriedpark in the Neckar city received its present layout on the occasion of the National Garden Show in 1975. In addition to relaxation in green surroundings, the park, with a new "Multihalle", an animal enclosure, "Rosarium", model-boat pond and other recreational facilities, offers room for every conceivable leisure-time activity.

Le Herzogenriedpark. Son aspect actuel lui donné à l'occasion de l'exposition horticole 1975. En plus des promenades dans la natur parc offre aux citadins de nombreuses possi lités de récréation. Il possède, entre autres, nouveau hall, un jardin zoologique, une ros raie, und lac pour les bateaux miniatures.

Der Luisenpark

Fast im Zentrum, gleich hinter dem Nationaltheater, beginnt der Luisenpark. Auch diese
Anlage ist so ausgestattet, daß der Besucher
aktive Erholung im Grünen findet.
Sehr beliebt ist ein Besuch des Fernmeldeturms
am Rande des Parks mit drehbarem Restaurant,
oder eine Fahrt in den „Gondolettas" auf dem
Kutzerweiher, der von oben wie eine Modell-
anlage erscheint.

Luisenpark begins almost in the center, directly
behind the Nationaltheater. These grounds are
also well equipped to fulfil the desires of visitors
seeking active recreation in green surroundings.
A visit to the telecommunication tower at the edge
of the park with a rotating restaurant is very
popular, as well as a ride in the "Gondolettas" on
Kutzerweiher, which looks like a model site from
above.

Presque dans le centre, juste derrière le Nat
naltheater, commence le Luisenpark. Ce pa
est lui aussi aménagé de façon à ce que le visit
puisse se récréer dans la nature. La tour de
télévision, située à la limite du parc et dotée d
restaurant tournant est très appréciée. On
pourra faire un tour dans les «Gondolettas»
le Kutzerweiher qui, d'en haut, à l'air d'une
maquette.

Das Freizeitangebot dieser Anlage, die als eine der schönsten in Europa gilt, läßt sich kaum beschreiben. Da gibt es Spielwiesen, Kinderspielplätze, am Kutzerweiher eine Seebühne, eine Festhalle mit Pflanzenschauhaus und einen Baumhain, Aquarien und Terrarien und sogar einen

The recreational activities available in this park, which is considered to be one of the most beautiful in Europe, can hardly be described. There are ordinary playing fields, playgrounds, a floating stage at Kutzerweiher, a festival hall with plant display house and a grove of trees, aquariums and

Il est difficile de décrire tout ce que ce parc of pour l'amusement des visiteurs. C'est en effe l'un des plus beaux d'Europe. Il y a des terra de jeux pour les enfants, une scène sur le Kutz weiher, une salle des fêtes avec des serres, u bosquet, des aquarium, des vivarium et mêm

inzoo mit Tieren des Bauernhofes, die Stadt-
der sonst kaum zu sehen bekommen. Das alles
o weitläufig angeordnet, daß sich die Aktivitä-
und Schaueinrichtungen nicht gegenseitig
ren und man lange Wegstrecken zurücklegen
ß, bis man „durch" ist.

terrariums and even a small zoo with farm animals
that children otherwise hardly have a chance of
seeing. Everything is arranged in such a spacious
manner that the various activities and facilities do
not get in each other's way and one has to cover a
considerable distance before one is "through".

petit jardin zoologique avec les animaux de la
ferme que les enfants de la ville n'ont guère
l'occasion de voir. Tout ceci est aménagé sur de
grands espaces de façon à ce que les différentes
activités ne se gênent pas les unes les autres.
Ainsi il faut parcourir un long chemin avant
«d'en avoir fini».

Eine Augenweide sind die Volièren und die
Stelzvogelwiesen mit ihren seltenen exotischen
Vogelarten, den bunten, kreischenden Papageien
oder den sich majestätisch bewegenden Reihern
und Flamingos.

It is a feast for the eyes to look at the birdhouses
and the wading bird areas with their rare exotic
bird species, the colorful, screaming parrots or the
majestically moving cranes and flamingos.

Les volières et prairies aux échassiers sont un
véritable plaisir pour les yeux avec leurs oiseaux
rares et exotiques, les perroquets bruyants et
multicolores, les hérons et les flamands roses se
déplaçant avec majesté.

...iele für den kleinen Ausflug

...tberühmt ist Schwetzingen mit dem kurfürst-...en Schloß, dem herrlichen französischen und ...lischen Park und den reizvollen Parkbauten, ... barocken Schloßtheater mit den „Schwetzin-... Festspielen" – und schließlich auch der ...wetzinger Spargel. Ein wahrhaft schönes ...ckchen Erde.

Schwetzingen is world-famous with its little elector-prince palace, the marvelous French and English park and the magnificent park edifices, the baroque "Schloßtheater" with the "Schwetzinger Festival" and finally Schwetzinger asparagus. Truly a fantastically beautiful spot.

Schwetzingen est célèbre dans le monde entier à cause du château des princes-électeurs, des magnifiques jardins à la française et à l'anglaise et des adorables constructions, à cause du théâtre baroque du château où ont lieu les «Schwetzinger Festspielen» et enfin à cause des asperges. Un petit coin de terre vraiment merveilleux.

47

Das benachbarte Heidelberg mit seinem Schloß ist ebenfalls das Ziel manchen Ausflugs, besonders, wenn man noch auf den 566 m hohen Aussichtsturm auf dem Königsstuhl steigt. Bei klarer Sicht blickt man von hier über Heidelberg, den ganzen Neckarlauf entlang bis Mannheim/ Ludwigshafen und weiter bis zum Pfälzerwald.

Mannheim's neighbor, Heidelberg, with its castle is also a favorite excursion point for many, especially if one climbs up to the 566 m high observation tower on the Königsstuhl. On a clear day one can look over Heidelberg from here as well as over the whole course of the Neckar up to Mannheim/ Ludwigshafen and beyond up to the Pfälzerwald.

La ville voisine de Heidelberg constitue souv le but d'une excursion surtout si on veut mor en haut de la tour panoramique haute de 566 mètres sur le Königsstuhl. Par beau temps or une vue sur Heidelberg et tout le cours du Neckar jusqu'à Mannheim/Ludwigshafen et plus loin jusqu'au Pfälzerwald.

llen Jahreszeiten – besonders aber im Früh-
– ist die Bergstraße beliebtes Ziel für einen
en Ausflug. Dossenheim, Schriesheim,
nheim (Bild oben), Bensheim oder das hüb-
Städtchen Ladenburg, das römische Lopo-
um, sind für eine Jause, für Ausflüge in den
nwald oder auch nur, um das Wunder der
chblüte zu erleben, vielbesuchte Orte in
ster Nähe von Mannheim.

In all seasons – but particularly in spring – the
mountain road ("Bergstraße") is a popular route
for a short excursion. Dossenheim, Schriesheim,
Weinheim (picture above), Heppenheim, Bensheim or the nice village Ladenburg, the Roman
Lopodunum, are frequently visited towns nearby
Mannheim, for a break, for excursions to Odenwald or even just to experience the wonder of the
cherry blossom.

En toutes saisons mais surtout au printemps la
«Bergstraße» est un but d'excursion très apprécié. Dossenheim, Schriesheim, Weinheim
(photo ci-dessus), Heppenheim, Bensheim ou la
belle petite ville de Ladenburg, la Lopodunum
des Romains, sont des lieux situés dans la vici-
nité de Mannheim qui attirent beaucoup de
visiteurs, soit qu'ils y viennent goûter, qu'ils
soient en route pour l'Odenwald ou simplement
qu'ils viennent y admirer les cerisiers en fleur.

Chronik

1606
Grundsteinlegung zur Stadt Mannheim durch Kurfürst Friedrich IV. von der Pfalz.
1622
Erste Zerstörung im 30jährigen Krieg durch Tilly.
1652
Wiederaufbau.
1689
Zweite Zerstörung im Pfälzischen Erbfolgekrieg.
1720
Verlegung der kurpfälzischen Residenz von Heidelberg nach Mannheim unter Kurfürst Carl Philipp.
1720–50
Bau des Schlosses, des größten Deutschlands – in ihm befinden sich die Räume der Universität.
1720–77
Kulturelle Blütezeit unter den Kurfürsten. Berühmte Komponisten der „Mannheimer Schule".
1778
Kurfürst Karl-Theodor verlegt den Hof nach München. – Freiherr von Dalberg, bis 1803 Intendant des Nationaltheaters.
1782
Schiller flieht nach Mannheim. Uraufführung von „Die Räuber".
1816–40
Bau von Neckar- und Rheinhafen; Eröffnung der ersten badischen Bahnlinie Mannheim–Heidelberg.
1845
Fertigstellung der ersten festen Neckarbrücke.
1867
Fertigstellung der ersten festen Rheinbrücke.
1885
Erfindung des Automobils durch Carl Benz.
1943–45
Dritte schwere Zerstörung im Zweiten Weltkrieg.
1957
Eröffnung des Neuen Nationaltheaters und Wiedereröffnung von Rathaus und Reiß-Museum.
1961
Abschluß der Wiederaufbauarbeiten am Schloß.
1967
Wirtschaftshochschule zur Universität erhoben.
1975
Bundesgartenschau.
1984
Das Planetarium wird eröffnet.
1990
Lothar Späth eröffnet das Landesmuseum für Technik und Arbeit.
1994/95
Renovierung des Nationaltheaters abgeschlossen.

Chronicle

1606
Laying of the foundation stone for the city by Elector-Prince Friedrich IV from the Palatinate.
1622
First destruction in the Thirty Years' War by Tilly.
1652
Reconstruction.
1689
Second destruction in Palatine War of Succession.
1720
Transfer of the Palatine seat from Heidelberg to Mannheim under Elector-Prince Carl Philipp.
1720–50
Construction of the castle, the largest in Germany – the rooms of the university are located inside it.
1720–77
Cultural golden age under the elector-princes. Composers of the "Mannheimer School" become famous.
1778
Elector-Prince Karl-Theodor transfers the court to Munich. – Freiherr von Dalberg, up to 1803 director of the Nationaltheater.
1782
Schiller settles down in Mannheim. Premiere of "Die Räuber".
1816–40
Construction of Neckar and Rhine harbor; first Baden railway line Mannheim–Heidelberg.
1845
Completion of the first fixed Neckar bridge.
1867
Completion of the first fixed Rhine bridge.
1885
Invention of the automobile by Carl Benz.
1943–45
Third severe destruction in the Second World War.
1957
Opening of the New Nationaltheater and reopening of the Town Hall and Reiß-Museum.
1961
Concluding reconstruction work on the castle.
1967
College of Economics on the level of university.
1975
National Garden Show.
1984
Opening of the planetarium.
1990
Lothar Späth opens the State Museum for Technology and Labor.
1994/95
Renovation of the National Theater completed.

Histoire

1606
Le prince-électeur Friedrich IV du Palatina pose la première pierre de la ville de Mannhe
1622
Les armées de Tilly détruisent une première la ville pendant la Guerre de Trente Ans.
1689
Deuxième destruction de la ville.
1720
Le prince Carl Philipp déplace la résidence princes-électeurs de Heidelberg à Mannhei
1720–50
Construction du plus grand château d'Allemagne dans lequel se trouve l'université.
1720–77
La présence des princes favorise l'épanouisser culturel. Célébrité de la «Mannheimer Schu
1778
Le prince Karl-Theodor déplace la cour à Mur von Dalberg est directeur du Nationaltheate
1782
Première représentation des «Brigands» de Schiller qui réside désormais à Mannheim.
1816–40
Construction du port sur le Neckar et sur le R Mise en service de la première ligne de cher de fer badoise de Mannheim à Heidelberg.
1845
Construction du premier pont fixe sur le Nec
1867
Construction du premier pont fixe sur le Rh
1885
Carl Benz invente l'automobile à Mannhein
1943–45
Troisième destruction de la ville.
1957
Ouverture du Neues Nationaltheater et réou ture de l'hôtel de ville et du Reiß-Museum.
1961
Reconstruction du château est complétée.
1967
L'école de commerce est promue université
1975
Exposition nationale horticole.
1984
Ouverture du Planetarium.
1990
Lothar Späth inaugure le musée du Land pou Technique et le Travail
1994/95
La rénovation du Théâtre National est achevé